조선 단학파의 삶의 철학

용과 호랑이의 철학

조 선 단 학 파 의 삶 의 철 학

용과 호랑이의 철학

조홍길 지음

들어가는 말

『황제내경』은 동양의학의 시발점을 이루는 경전이다. 이 경전은 질병의 예방을 최고의 의술로 쳤다. 그리하여 사람들이 양생을 통하여 건강을 지키고 병을 예방하기를 권고하였다. 사람들이 양생을 잘하면 병을 예방할 뿐만 아니라 불로장생할 수 있다고 보았다. 그 반면에 사람들이 양생을 잘못하여 사시(四時)와 음양을 어기고 절도 없이 방종하게 쾌락을 추구하는 생활을 하면 병도 생기고 빨리 늙어 죽는다고 지적하였다. 허준이 저술한 『동의보감』도 『황제내경』을 좇아 양생을 중시하였다.[1]

양생을 중시한 옛날보다 오늘날 사람들의 건강상태와 수명이

---

1 "나쁜 기운을 때에 맞추어 피하고 마음을 비우고 편안히 먹으면 참된 기운이 순조롭게 좇아 나오고 정신이 안으로 지켜지게 되리니 병이 어찌 나겠는가?(虛邪賊風, 避之有時 恬淡虛無 眞氣從之 精神內守 病安從來?)"(홍원식 역, 『황제내경소문』, 「상고천진론 편」, 전통문화연구회). 이로부터 『황제내경』은 병의 치료보다는 병의 예방을 중시하고 있음을 알 수 있다. 서양의 현대의학도 이런 방향으로 나아가고 있다.

더 양호한 것은 어찌 된 연유일까? 오늘날에는 소규모 전쟁이 더러 일어나긴 하지만 대규모 전쟁은 옛날보다 덜하고 의술이 발달되었기 때문일까. 한국에서도 불과 몇십 년 전만 해도 성인 남녀들은 환갑을 채우지 못하고 죽는 경우가 부지기수였다. 그래서 그 당시 한국인들은 환갑잔치하는 걸 자랑스럽게 여겼다. 그러나 21세기 한국 사회에서는 아무도 환갑잔치를 하지 않는다. 심지어는 칠순잔치하는 것도 꺼려한다. 21세기의 한국인들은 60살이 넘어도 사오십 대처럼 건강하고 힘이 넘치기 때문이다. 게다가 환경과 생태계의 사정은 오히려 20세기보다 21세기가 더 나빠졌는데도 사람들은 평균수명이 더 늘었고 더 건강한 편이다. 아마도 20세기의 한국 사람들은 일제강점기를 겪었고, 6 · 25전쟁으로 말미암아 황폐화된 세상에서 먹고살기 위해 열심히 살 수밖에 없었기 때문에 극심한 생활고를 겪지 않을 수 없었다. 그리하여 그들은 먹고살 걱정으로 건강을 챙길 여유가 없었을 것이다. 21세기의 한국인들은 조상들이 뼈 빠지게 노력한 결과 선진국이 되어 빈곤에서 벗어났고, 의료보험으로 의술의 혜택도 광범위하게 받을 수 있게 되었다. 그래서 오늘날 한국인들은 건강상태도 양호해졌고 평균수명도 늘어났을 뿐만 아니라 풍요로운 생활을 누릴 수 있게 되었다.

그럼에도 불구하고 우리는 지구 온난화와 생태계의 파괴라는 새로운 위기에 맞닥뜨리게 되었다. 풍요로운 생활로 말미암아 오늘날 한국인들은 다른 선진국 사람들처럼 마약을 때리고 온갖 동물을 마구 잡아먹는 짓을 서슴지 않고 있다. 따라서 우리들은 욕망의 블랙홀에 갇혀 헤어나지 못하여 생태계 파괴를 망각하였던 셈이다.

인간이 번성할수록 유감스럽게도 생태계는 급격하게 무너지고 있었다. 강과 바다는 이미 오염되었고 급기야는 욕망의 찌꺼기인 쓰레기가 태평양과 대서양 위로 떠다니며 쓰레기 섬을 이루고 있다. 19세기에 아프리카, 아시아 등이 식민지가 되어 제국주의 열강에 의해 침탈당했듯이 자연은 사람들에 의해 약탈당하고 착취당했다. 그 결과 선진국 사람들의 삶은 편리해졌고 풍요로워졌지만, 그 대가로 지구는 몸살을 앓게 되었다.

이와 같은 상황에서 코로나 바이러스와 같은 전염병이 인류의 생존을 위협하고, 기후변화로 폭염, 한파, 홍수, 가뭄 등의 기상이변이 속출하였다. 인간의 산업활동으로 온실가스가 지구가 감당할 수 없을 만큼 늘어나 이것이 지구 온난화를 초래하여 급박한 환경재난을 일으키고 있는 셈이다. 이미 환경재난은 사람들의 일상에 깊숙이 파고들어 왔다.

이와 같은 위기를 어떻게 극복할 수 있을까? 우리는 산업활동을 멈출 수도 없고 과학기술로도 기후변화를 조절할 수 없다. 아무리 생각해 봐도 대책이 없는 것 같다. 온실가스를 줄이고 지속가능한 경제성장을 이루기 위한 노력만으로는 이와 같은 위기를 극복하기에는 충분하지 않다. 자연을 지배하여 이용하고 착취하려는 문화를 바꾸어야 한다. 물론 그렇게 하려면 욕망과 쾌락에 찌든 삶을 포기해야 한다. 이건 우리가 이 위기를 극복하기 위해서 해야 할 최소한의 일이다. 자연에 순응하여 자연을 사랑하며 생명을 존중하고 음양의 조화와 균형을 지향하는 문화로 나아가야 한다.

이렇게 문화를 바꾸려면 삶의 철학도 바꾸어야 할 것이다. 그런 철학은 무엇일까? 자연 친화적인 철학일 것이다. 자연 친화적인 철학은 세계적으로 많이 있겠지만 도가 사상이 가장 적당하다고 생각한다. 이 세상에서 도가 사상만이 무위자연의 사상을 가장 분명하게 드러내고 있기 때문이다. 한국에는 예로부터 이런 철학이 전개되어 왔고 조상들의 삶 속에 구체화되어 나타났다. 단적으로 말하자면 그것은 용과 호랑이의 철학이다. 용과 호랑이의 철학은 우리 고유의 철학은 아니지만 조선 단학파에서 강조되었던 삶의 철학, 오늘날로 보자면 생태철학이다.

용과 호랑이의 철학

목차

01

단학(丹學) 열풍

한국에서 단학 열풍은 1980년대 말에 출판된 『단』이란 책이 유발하였다. 이 책은 신선을 향한 관심과 함께 선풍적인 인기를 끌었다. 1980년대의 억압적 정치 상황에서 한국인들은 뭔가 현실을 벗어날 돌파구를 찾으려고 하였다. 그 돌파구가 바로 단학이었다. 호흡 수련을 통해서 신선이 되어 초능력을 발휘할 수 있다는 이 책의 메시지는 많은 한국인들을 매료시켰다.

이데올로기 갈등에 지친 한국인들은 단학을 통해 답답한 정치 상황을 벗어나 현실도피 하고 싶어 했다. 그리고 그들은 억압적 정치 상황과 자잘한 일상적 이해관계로 피로해져 가고 있었다. 단학은 이러한 답답한 현실을 벗어나 자유롭게 하늘을 날아다니려는 욕망을 그들에게 심어주었다. 그리하여 하늘을 날아다니고 축지법을 쓰며 초능력을 행하는 신선들의 행적은 그들의 마음을 시원하게 풀어주었다. 게다가 호흡 수련을 하면 누구나 신선이 되어 초능력을 발휘할 수 있다니 단학은 많은 한국인들을 놀라게 하였다. 그리하여 수백만의 한국인들이 호흡 수련에 들어갔고 요즘도 호흡 수련 중이다.

이렇게 된 배경에는 한국인의 마음속에 도가적인 전통에 대한 동경과 무협지적인 무술을 향한 환상이 깔려 있었다. 그렇기 때문에 단학의 열풍이 일어날 수 있었을 것이다. 그러므로 단학 열풍은 일시적이었지만 건전한 열풍이 아니었다.

누구나 신선이 될 수 있었지만 실제로 신선이 된 사람은 거의 아무도 없었다. 아니 신선이 된 사람은 한 사람도 찾아볼 수 없었다. 『단』의 주인공인 봉우 권태훈도 신선인 척했지만 신선이 아니었고, 이 책에 나온 여러 도술을 보여주지 못했다. 그뿐만 아니라 그 어느 누구도 이 책에 나오는 초능력을 보여주지 못했다. 그런 점에서 『단』은 많은 한국인들에게 내재된 도가적 환상을 충족시켜 주는 책에 불과하다고 할 수 있을 것이다.

용과 호랑이의 철학

02

단학과 도가 사상

단학은 도가 사상에 바탕을 두고 있는 신선술이라고 할 수 있다. 그러면서도 단학은 도가 사상을 배신하는 자가당착에 빠져 있는 도가의 일파다. 도가 사상은 본래 현실도피적인 사상이다. 단학은 도가의 신선 사상을 이어받아 불로장생(不老長生)을 강렬하게 추구한다. 그러나 불로장생은 원래 도가 사상이 아니다. 왜냐하면 노자와 장자는 불로장생을 추구하지 않았기 때문이다. 그들은 무위자연의 삶을 추구했고 욕심을 줄이고 만족할 줄 아는 삶을 원했다.

그 반면에 단학은 불로장생의 욕심이 깔려 있다. 단지 단학에서는 자연적인 방식으로 건강과 장수를 추구했고 마침내 불로장생의 신선이 되기를 욕망했다. 이것은 노자와 장자의 가르침과는 어긋난다. 도가의 무위자연을 이루려는 소박한 욕망이 단학을 통하여 불로장생하는 신선을 추구하려는 욕망으로 바뀐 데 불과하다.

무릇 사람은 태어나서 얼마간 살다가 병들어 죽는 것이 자연스러운 일이다. 그럼에도 불구하고 신선이 되어 병들지도 않고 죽지도 않는 삶을 추구한다는 것은 이러한 자연의 이치를 거스르는 것이다. 그런 점에서 단학은 노장의 도가 사상과는 어긋난다. 노자는 『도덕경』에서 무위자연(無爲自然)의 삶을 강조하였고, 장자는 『남화경』에서 무위자연의 삶을 위한 방법으로 심재(心齋)와 좌망(座忘)을 제시하였다. 물론 노장 사상에도 신선 사상의 단초가 분명히 함축되어 있다. 그러나 단학은 호흡 수련의 방식으로 자연의 이치를 넘어서려고 하였는데 이것은 단학의 욕심일 것이다.

노자는 심성을 극도로 비우고 고요함을 독실하게 지키며(致虛極 守靜篤) 마음을 비우고 배를 기로 가득 채울 것(虛其心 實其腹)을 주문하였다. 장자는 인위적인 욕심을 버리고 사물의 자연스러운 흐름에 따라 살아가는(順物自然) 삶을 강조했고 심재(心齋)와 좌망(坐忘)의 수양방법도 제시하였다. 이들은 다 같이 양생을 지향하였지만, 하늘을 날아다니고 장풍을 쓰는 초능력이나 불로장생의 삶을 추구하지는 않았다. 그래서 노자와 장자는 불로장생의 신선이 되기 위한 구체적 방법을 제시하지 않았던 것이다.

그러나 노자와 장자의 후예들은 노장 사상에 만족하지 않고 호흡 수련이나 약물을 통해 단을 만들어 불로장생의 신선이 되고자 하였다. 이들은 납이나 수은 같은 광물을 끓여서 단을 만들려고도 하였고(外丹), 호흡 수련을 통해 단전에 단을 만들려고도 하였다(內丹). 그러나 외단이든 내단이든 간에 단을 완성한 사람은 전설로만 전해지지 실제로 그런 사람은 없었을 것이다. 따라서 단이란 바로 불로장생하려는 인간적 환상이 아닐까 생각된다.

단학은 오늘날의 과학에 비추어보자면 과학적이지도 못하고 현실적이지도 못하다. 그렇다고 해서 그것이 아무런 의의가 없을까? 그렇지는 않을 것이다.

03

단학의 의의

단학은 도가 사상으로부터 출발하기 때문에 21세기 현대사회에서도 여전히 의미심장하다. 도가 사상은 자연을 거스르는 삶을 기피하고 자연에 순응하는 무위자연의 삶을 추구하였다. 단학도 마찬가지다. 비록 불로장생을 추구하긴 하나 그 수련 방식은 자연에 따르고 생태적이기 때문이다. 우리가 병에 걸리고 오래 살지 못하는 원인을 욕심에 빠져 무절제한 생활을 하고 자연을 거스르는 삶을 살기 때문이라고 단학에서는 여기기 때문이다.

인간이 어머니의 태내에 있을 때 숨을 쉬는 호흡[胎息]에 도달하도록 호흡 수련을 하면 태아와 같은 자연적 힘을 얻어서 단을 이룰 수 있다고 단학에서는 본다. 이는 "기를 집중시켜 부드러움에 이르러 능히 갓난아이가 되겠는가?(傳氣致柔 能嬰兒乎)"라는 노자『도덕경』10장의 말에 영향을 받은 것 같다. 그리고 단학은『황제내경』과『주역』의 영향도 받은 것 같다. 그것은 음양의 조화와 균형을 중시하기 때문이다. 『황제내경』과 『주역』도 『도덕경』과 마찬가지로 천지자연에 순응하는 삶을 추구하기 때문에 큰 틀에서 『도덕경』과 일맥상통한다고 할 수 있을 것이다.

단학은 『주역』의 태극, 음양 사상, 『도덕경』의 무위자연 사상, 『황제내경』의 경락이론에 근거하여 성립했다. 그러므로 그것은 본질적으로 늙지 않고 죽지 않는 신선이 되는 길을 가르쳐주는 학문이라 할 수 있을 것이다. 그러나 이렇게 되면 현대적으로는 별로 의의가 없을 것이다. 단학의 목표가 불로장생의 신선이 되고 인간의 잠재력을 끌어올려 초능력을 계발하는 데 그친다면 허황될 뿐만 아니라 고리타분한 가르침이라고 할 수 있기 때문이다. 오늘날 생태계가 온통 망가지고 있는 상황에서 신선술이 그 무슨 의미가 있겠는가. 또한 생태계 파괴로 말미암아 천지자연의 기운이 무너졌는데 우리가 어떻게 신선이 될 수 있으며, 심지어 건강을 유지하거나 생존조차 할 수 있겠는가? 그러나 우리가 단학을 생태철학으로 해석한다면 그것은 현대적으로 그 의의가 참신할 뿐만 아니라 오늘날의 생태계 위기를 극복할 수 있는 계기가 될 수 있을 것이다.

조선 단학파는 용과 호랑이의 철학을 조선 중기에 끄집어냄으로써 단학의 이러한 의의를 완수했다. 따라서 우리는 조선 단학파가 이룩한 성과인 용과 호랑이의 철학을 현대적으로 해석하여 이 철학의 생태적 의의를 드러내는 게 좋을 것 같다.

앞에서 단학이 우리의 관심을 끌게 된 계기는 『단』이란 책의 영향에서 비롯되었다고 언급하였다. 『단』에 등장하는 주인공 권태훈은 「봉우수단기」에서 용과 호랑이의 철학을 맨 처음에 두었다. 그럼 그가 용과 호랑이의 철학을 보는 관점은 무엇일까? 이것이 무척 중요하다고 본인은 생각한다. 그는 일제강점기 시대를 직접적으로 경험했고, 일본제국주의가 한민족을 억압하고 한민족의 혼과 정신을 말살하려 했던 만행을 몸소 목도했다. 그래서 민족정신의 고양을 위해서 대종교에 귀의했고 대종교 총전교로 활동하기도 했다. 그는 21세기에 문명의 전환이 일어나 문명의 주체가 백인에서 황인으로 바뀔 것이라고 예언하기도 하였다. 그리고 단학을 통하여 한민족이 세계를 호령하고 한민족이 중흥하는 꿈을 꾸었다. 그래서 호흡 수련을 통해 우리의 잠재능력을 극대화하여 우리나라가 세계를 선도하는 나라가 되기를 바랐다. 그렇게 되지 못한다 하더라도 단학이 부국강병의 수단이 되기를 갈망했다.

그렇지만 이러한 그의 관점은 본인의 관점과는 다르다. 본인은 단학의 핵심 사상인 용과 호랑이의 철학이 그 자체로 생태철학이며, 이러한 생태철학이 지구의 생태적 위기를 극복할 수 있는 철학이기를 바란다. 바꾸어 말하자면, 권태훈의 민족주의적이고 국수주의적인 관점[2]과는 달리 본인은 용과 호랑이의 철학이 생태철학으로서 지구의 생태적 위기를 평화적으로 극복하기를 꿈꾸고 있는 셈이다. 따라서 용과 호랑이의 철학을 보는 그의 관점이 본인의 관점과 상통하는 바는 있으나, 본인의 관점은 민족주의나 국수주의에 얽매이지 않는다. 본인의 관점은 한마디로 생태적 관점이다. 용과 호랑이의 철학이 지구의 생태적 위기를 극복할 수 있는 최선의 생태철학이라고 여기기 때문이다.

물론 용과 호랑이의 철학이 사람들의 건강을 촉진시키고, 정신적으로도 도움을 줄 수도 있을 것이다. 그러나 이 철학이 그 정도에 머문다면 그것은 큰 의미가 없을 것이다.

우리가 용과 호랑이의 철학을 현실적으로 실천해도 아무런 쓰

---

2 권태훈의 민족주의적이고 국수주의적인 관점은 단학 열풍에 엄청난 영향을 끼쳤다. 『단』 이후의 단학 열풍은 신선에 대한 환상을 광범위하게 일으켰을 뿐만 아니라 수백만의 단 수련자를 양산했다. 또한 단 수련을 위한 온갖 책들이 쏟아져 나오게 된 계기가 되었다. 윤홍식의 『용호비결강의』도 그런 책들 중의 하나였고, 앞의 관점을 충실히 이어받은 책이었다. 비록 이 책이 신선이 되는 길을 그 나름대로 잘 정리하였지만, 『단』과 함께 신선에 대한 환상을 대중에게 심어주었다는 비판을 면하기는 어려울 것이다.

레기도 배출하지 않고 엔트로피도 증가시키지 않는다. 단지 이 철학은 천지의 기운을 빌릴 뿐, 생태계에 아무런 훼손도 가함이 없이 생체 에너지를 이용할 뿐이다. 또한 용과 호랑이의 철학은 천지의 기운과 인간의 기운이 서로 통하게 함으로써 천지자연과 인간을 긴밀하게 연결시킨다.

그 반대로 우리는 여태까지 석탄, 석유, 천연가스 등으로부터 천지자연의 에너지를 훔쳐왔다. 이런 식의 도둑질은 엄청난 부작용을 초래하였다. 그 결과 지구 온난화와 생태계 파괴라는 대재앙이 터진 것이다. 에너지를 이용하고 소비하는 방식과 자연을 대하는 인간의 생활 태도가 획기적으로 변하지 않으면 인류의 미래는 암담할 뿐만 아니라 생물의 대멸종을 초래할 것이다. 바로 이러한 대재앙을 막을 수 있는 철학이 용과 호랑이의 철학일 수 있다고 본인은 생각한다.

오늘날 인류는 지구 온난화와 생태계 파괴라는 대재앙을 극복하기 위해서 탄소 중립 등의 여러 가지 노력을 기울이고 있다. 그렇지만 유감스럽게도 지구 온난화와 생태계 파괴는 멈추지 않고 여전히 계속되고 있다. 국제기구의 노력도 국제적인 정치적, 경제적 이해관계로 말미암아 제대로 이행되지 못하고 있는 실정이다. 설령 국제기구의 노력이 아무런 방해도 받지 않는다 하더

라도 그런 노력만으로는 지구 온난화와 생태계 파괴라는 대재앙을 피하기는 어려울 것이다. 이제 우리에게 남은 선택지는 우리의 삶이 생태적으로 바뀌는 것이다. 한마디로, 문화의 생태적 변화만이 급박한 지구 온난화와 생태계 파괴라는 위기를 극복하여 지구의 모든 생물이 함께 살 수 있는 길이다. 문화의 생태적 변화를 가져올 수 있는 철학은 용과 호랑이의 철학이 효과적이라고 본인은 생각한다.[3] 그뿐만 아니라 이 길은 비용도 들지 않아 실천하기도 어렵지 않다. 이와 같이 효과적이고 좋은 길을 놓아두고 비용도 많이 들고 엄청나게 힘든 길을 선택할 것인가.

---

3 지구의 생태적 위기를 극복하려는 움직임은 불교철학에도 있다. "우리의 생태적 곤경을 향한 불교의 대답은 에코다르마ecodharma이다. 에코다르마는 불교전통이 최근 전개하는 새로운 용어로, 생태적인 관심에 불교의 가르침과 그에 연관된 전통을 결합한 것이다. … 자연 속에서의 수행, 불교 가르침의 생태적 의미 탐구, 그리고 오늘날 요구되는 생태운동에 대한 이해를 구체화하는 것이 바로 그것이다"(데이비드 로이, 『과학이 우리를 구원하지 못할 때 불교가 할 수 있는 것』, 민정희 역, 불광출판사, 2020, p.19).

용과 호랑이의 철학

04

용과 호랑이의 철학

용과 호랑이는 고구려 고분의 사신도에도 나오는 영험한 동물들이다. 사신도의 동쪽에는 청룡이, 서쪽에는 백호가, 남쪽에는 주작이, 북쪽에는 현무가 등장한다. 풍수에 음양오행 사상이 적용되듯이 단학에도 마찬가지다. 용과 호랑이는 각기 불과 물을 상징하는 동물이며, 주역의 8괘로 보자면 리괘(☲ 離卦)와 감괘(☵ 坎卦)에 해당한다. 리괘는 불을, 감괘는 물을 상징하기 때문에 용과 호랑이는 각기 물의 기운과 불의 기운을 상징한다고 할 수 있을 것이다. 따라서 용과 호랑이의 철학이란 호흡 수련을 통하여 서로 대립하는 물과 불의 기운이 서로 만나 합일되어 단을 이루는 철학이라고 할 수 있을 것이다.

용과 호랑이의 철학은 중국의 도교철학에 이미 함축되어 있다. 하지만 사단칠정논쟁에서 우리 선조들이 유교철학의 심성 문제를 중국 성리학보다 더 치밀하게 사유한 것처럼 중국 도교

철학의 핵심 사상인 용과 호랑이의 철학도 중국철학보다 더 치밀하게 사유하였다.

게다가 '용과 호랑이의 철학'이라는 용어도 본인이 한글로 풀어 만든 용어일 뿐이다. 이런 용어가 중국의 도교철학에 나오는 것도 아니고 심지어 조선 단학파에도 나오는 건 아니다.

용과 호랑이의 철학은 김시습이 처음으로 도교철학의 핵심 사상으로 끄집어내었고, 북창 정렴이 정밀하게 드러내었다. 특히 정렴은 『주역』의 괘와 상으로 번쇄해진 단학의 요결을 용과 호랑이의 철학으로 간명하게 드러내었다. 이런 점에서 조선 단학파의 사상은 용과 호랑이의 철학이라고 지칭할 수 있을 것이다.

그러므로 이 글에서는 김시습과 정렴이 공들여 만들어낸 단학의 핵심 사상인 용과 호랑이의 철학을 차례대로 살펴보기로 하자.

1) 김시습의 「용호론」

이능화가 편찬한 『조선도교사』에는 김시습은 조선 단학파의 비조로 거론된다. 그는 세조의 왕위찬탈에 반대해 평생 벼슬하기를 거부하고 초야에 묻혀 살아간 선비이자 승려였다. 그래서 우리는 그를 생육신의 한 사람으로 일컫는다. 그는 평생 세조의 왕위찬탈에 한을 품고 벼슬도 외면하면서 선비도 아니고 승려도 아니고 도사도 아닌 채로 살다가 죽었다.

> 시습이 나이 12살 되던 해 삼각산 속에서 글을 읽고 있다가 단종이 왕위를 빼앗겼다는 소식을 들었다. 그러자 문을 닫고 사흘 동안 밖에 나가지 않고 있다가 대성통곡하고 공부하던 서적을 모두 불태우고 미친 체하여 측간에 몸을 빠뜨리고 돌아다니다가 결국 중이 되었다. 이름을 설잠(雪岑)이라 하고 중흥사에 가장 오래 거주하였다. … 후에 시습은 머리를 기르고 환속하여 살다가 얼마 안 되어 다시 중이 되었다. 홍산 무량사(無量寺)에서 죽을 때, 「내가 죽어도 화장하지 말라」고 유언하여 그 절의 중들이 임시 매장을 하였다. 삼 년 후에 영폄(永窆)하려고 관의 천개(天蓋)를 열어보니 안색이 살아 있는 것 같았다. 그러하니 어찌 그를 죽은 사람이라고 하겠는가.[4]

이능화의 서술에도 나와 있듯이 그는 승에도 속에도 안주하지

---

4   이능화, 『조선 도교사』, 이종은 역, 보성문화사, 1977, p.215 이하. 현재 충남 부여에 무량사가 현존하고 있으며 이 절에 김시습의 사리가 보관되어 있다.

못하고 왕위찬탈의 한을 품은 채 괴로워하다가 죽은 것 같다. 그가 출세를 거부했다면 갈 곳은 불가나 도가에 기댈 수밖에 없었을 것이다. 그러나 불가나 도가에서도 그는 가슴속에 품은 한을 삭이지 못하였다.

아무튼 그는 세상을 잊어버리려고 도가에 기웃거렸을 때 단학에 힘을 쏟았던 것으로 판단된다. 그리하여 그러던 중 단학의 진수인 용과 호랑이의 철학을 끄집어내어 조선 단학파의 비조가 되었다.

누군가가 그에게 용호를 수련하여 단을 이루는 길을 물었더니 그는 좀 더 자세하게 대답해 주었다.

그대의 물음은 참으로 정교하다. 시험 삼아 그대의 물음에 변명하리라. 대체로 용호라는 것은 연홍(鉛汞, 수련변화)하는 것이요, 정기(鼎器)라는 것은 건곤이요, 문무(文武)라는 것은 불을 조절하는 것이니 아홉 번을 연단하여 단을 이루는 것이다. 이것은 수련의 대강으로 좀 더 자세히 말하면 용이란 것은 남방의 이호(離虎, 離龍의 잘못)요, 호라는 것은 북방의 감호(坎虎)라는 것이다.

대체 동(東)을 청룡(靑龍)이라 하고 서(西)를 백호(白虎)라는 것은 당연한 이치다. 이제 동방의 목(木)은 동방에 있지 않고 남방의 화(火)와 합하여 청룡이 적룡이 되고, 서방의 금(金)은 서방에 있지 않고 북방의 수(水)와 합해 백호가 변하여 흑호가 되니, 화목(火木)은 적룡이요, 금수(金水)는 흑호(黑虎)가 된다. 즉 용호를 다른 말로 하면 연홍(鉛汞)이라 한다. 연단할 때 용을 몰고 호를 부르며 이어 그 정기를 삼키는데 한 번은 숨을 들이쉬고 한 번은 숨을 내쉬어 이것을 되풀이하면 복호(伏虎) 강룡(降龍)하여 날지도 않고 뛰지도 않고 병합하여 하나가 된다. 이것을 연단(鍊鍛)이라 한다. 정기(鼎器)를 건곤(乾坤)이라고 하는 것은 대개 모든 사람의 신체에서 머리는 건이요, 배는 곤이기 때문이다. 처음 앉을 때 정신을 배 안으로 집중하고 눈을 감고 반응을 들으며 눈으로 코를 대신하고 코로 배꼽을 대신하면 몸이 평정하여진다. 즉 정기(鼎器)가 안정되는 것이다. 정기가 안정되면 한 번 숨을 들이쉬고 한 번 내쉬는 데서 원기가 빼앗기는 것이니 이에 단이 감(坎) 중에서 생하여 화의 공격을 받아 제자리에서 나와 삼궁을 거쳐 입으로 들어가니, 즉 이것은 음식을 먹는 대신 기를 먹는 것이다. 불의 징후라는 것은 정기의 약물을 제거하고 그 나머지 60괘는 둔몽(屯蒙)으로부터 이하로 기제(旣濟) 미제(未濟)에 이르기까지 솥 밖의 주위에 둘러 있음으로써 하늘을 두루 도는 불의 징후가 되는 것이다. 문무의 불이란 연호(鉛虎)이니 금에 속하여 그 성(性)이 지극히 강(剛)하므로 감(坎) 중에 감추어 맹렬히 불리고 달구지 않으면 능히 날아오를 수 없으므로 무화(武火)를 사용하여 달구되 문화

(文火)는 쓰지 못한다. 홍룡(汞龍)은 목(木)에 속하였으므로 그성이 지극히 유(柔)하여 이(離) 중에 숨어서 얼핏 보아 진연(眞鉛)으로 자연부동이므로 문화로 달구되 무화는 쓰지 못한다. 천지의 원기를 훔친다고 하는 것은 수련을 쌓아서 장생하는 사람이 능히 정기(正氣)를 훔치는 것이다. 능히 정기를 훔친다는 것은 그 자신의 호흡에 의한 것이다. 내쉬는 기는 뿌리에서 생하고 들이쉬는 기는 꼭지에 이르니 이러므로 기운을 호흡하여 단전에 돌아가게 하는 것을 도기(盜氣)라고 하는 것이다.[5]

용과 호랑이의 철학이란, 좀 더 풀어 쓰면, 용과 호랑이를 길

5　앞의 책, pp.221-222. 夫龍虎者 鉛汞也 鼎器者 乾坤也 文武者 火候也 鍊之凡九轉 而成丹 此其大略也 若詳言之 則龍者南方離龍也 虎者北方坎虎也 蓋東爲靑龍 西爲白虎 此常理也 今以東方之木 不在東 而與火爲位於南 靑龍變爲赤龍 西方之金 不在西 而與水合處於北 白虎變爲黑虎 木火金水以爲龍虎 而寓言於鉛汞也 作丹之時驅龍呼虎 乃呑吸其精 一呼一吸 兩相歙食 伏虎降龍 不飛不走 倂合爲一 是謂鍊也 鼎器云 乾坤也者 盖凡人之身體 首則乾 腹則坤 初坐之時 凝神內照 收視反聽 以眼對鼻 以鼻對臍 身要平正 卽是安鼎器也 鼎器旣安 一呼一吸 盜彼元氣 於是 丹生於坎中 因火逼而出位 歷三宮降而入口 卽是服餌也 火候者 除鼎器藥物 其餘六十卦 自屯蒙以下 以至旣濟 未濟 周列於鼎外 以爲周天火候 文武火者 鉛虎屬金 其性至剛 藏於坎中 非猛鍛極鍊 則不能飛上 故用武火逼之 而不可施以文 汞龍屬木 其性至柔 隱於離中 一見眞鉛自然不動 故用文火煉之 而不可施以武也 盜天地元氣云者 其所以修煉而長生者 能盜正氣也 其所以能盜正氣者 由其有呼吸也 呼至於根 吸至於帶 是以 能盜其氣 歸至於丹田也.

들여 용과 호랑이의 만남을 주선하여 그것들을 합일시켜 단을 이루어나가는 철학이라고 할 수 있을 것이다.[6] 여기서 단이란 불로장생의 단이다. 진시황도 구하고자 하였고 숱한 신선들이 이 단을 얻으려고 하였다. 처음에는 그런 단을 약초에서 구하려고 하였다. 약초는 아무래도 상하기 쉬우니까 수은과 납 같은 광물에서 단을 구하려고 하였다(外丹). 그러다가 그들은 약초와 광물에서 단을 구하는 일이 부질없음을 깨닫고 몸 밖이 아니라 몸 안에서 구하려는 시도를 하였다.

호흡 수련을 통하여 물의 기운과 불의 기운을 합하여 단을 이루려고 하였다. 이것이 내단(內丹)이다. 몸을 정기(鼎器)로 삼아 단을 우려내려고 하였다. 아랫배에 불을 놓아 물의 기운(호랑

6　용과 호랑이의 철학을 본인은 충분히 수련하지 못하여 초능력을 발휘하는 대단한 경지에까지 이르지 못하였다. 그러니 태식에 도달하려면 아득히 멀었다고 할 수 있다. 이 점 양해해 주기 바란다. 하지만 태극권 수련을 통하여 온몸에 미약하게나마 기를 돌리는 데까지는 성공한 것 같다. 단전에 뜨거운 기운을 느낀 지는 오래되었지만 기를 제대로 돌리지 못하다가 태극권 24식을 오랫동안 재미삼아 꾸준히 수련하면서 기의 운행이 저절로 통한 것 같다. 우리 몸의 경락이란 본래 설계된 것이므로 우리가 태극권을 행하면 몸이 풀리고 막힌 경락이 열려 좀 더 자연스럽게 기의 운행이 이루어질 수 있을 것이다. 그래서 단전에 뜨거운 기운을 못 느끼든가 기를 제대로 돌리지 못하는 사람들에게는 태극권과 같은 기공체조를 권하고 싶다.

이)이 뛰어오르도록 시도하였다. 이때는 물의 기운이 독맥을 타고 머리까지 올라가려면 상당히 센 불[武火]을 필요로 한다. 기(氣)란 경락을 타고 흐르는 생체 에너지다. 에너지가 강해야 미려나 협척과 같은 관문을 뚫고 위로 올라갈 수 있으므로, 무화를 사용해야 한다.

외단의 용어로 내단을 설명하려고 하니 호흡도 무화(武火)와 문화(文火)라고 불렀다. 무화는 거친 호흡이 아니라 의식적인 호흡을 뜻하고, 문화란 미약한 호흡이 아니라 인위적이지 않은 자연 호흡을 뜻한다. 그렇지만 그것들은 다 같이 고르고 가다듬은 호흡이다. 단지 불에 비유해 보면 무화는 센 불이고, 문화는 은은한 불이라고 이해하면 된다.

그리고 무화의 종류에는 호단흡장(呼短吸長, 짧게 내쉬고 길게 들이쉼), 호흡등장(呼吸等長, 들숨과 날숨의 길이가 같음), 호장흡단(呼長吸短, 길게 내쉬고 짧게 들이쉼)이 있다. 독맥을 경유하여 기를 올릴 때에는 이 중에서 호단흡장이 좋을 것이다.

용호에 관해서 김시습의 설명대로 우선 살펴보자. 감호(坎虎 ☵)이니 백호로부터 시작하여 점차 물의 기운이 약화되어 흑호가 되고 머리까지 올라간 물은 머리를 적시어 물의 세례를 받은 용은 청룡이 된다. 청룡은 아래로 내려와 심장을 거쳐감으로써 감호의 가운데 양기를 전해 받아 적룡이 된다. 적룡은 단전으로 되돌아가 백호와 만나 합일된다. 이로써 대강 주천화후(소주천)가 이루어지는 셈이다.

　김시습의 이러한 설명은 표기에 잘못이 있든지 설명에 착오가 있다고 비판하는 견해가 있다.[7] 백호가 흑호가 되는 게 아니라 흑호가 백호가 되며 청룡이 적룡이 되는 게 아니라 적룡이 청룡이 된다는 것이다.

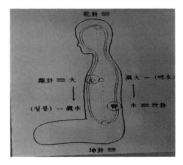

이 그림은 이근철이 제시했는데,
등을 타고 올라가는 기의 도로가 독맥이고
배를 타고 내려오는 기의 도로는 임맥이다.

7　youtoube.com/watch?v=Q-RHosAckZo&t=1611s 「선도사관으로 풀어보는 조선단학파의 비조 김시습 2부」.

그에 따르면 흑연이 거센 불로 달구어져 흰 납이 되듯이 검은 호랑이가 백호가 된다고 보았다. 그리고 감호(坎虎 ☵)의 가운데 양효가 리용(離龍 ☲)의 가운데 음효로 감으로써 적룡이 머리에서 생긴다. 하지만 리괘의 가운데 음효가 적룡을 적시어 적룡이 물의 기운을 받아 청룡이 되어 임맥을 타고 아래로 내려간다는 것이다.

이런 불일치는 잘못된 표기나 설명의 착오에서 연유한다고 보기보다는 해석의 차이에 연유한다고 보는 게 좋을 것 같다. 물론 이러한 차이가 수련 방식의 차이를 초래하긴 하겠지만, 이는 다같이 수승화강(水昇火降)이라는 한의학의 이치를 달리 해석하고 있는 데 불과하다.

불의 기운은 위로 올라가고 물의 기운은 아래로 내려가기 마련이다. 하지만 한의학에서는 인간 몸의 경우에 거꾸로 물의 기운이 올라가고 불의 기운이 내려가야 음양의 조화와 균형이 이루어져 기가 잘 순환되고 몸의 건강이 유지될 수 있다고 본다.

2) 북창 정렴의 「용호결」

정렴은 조선의 조정이 당쟁과 사화가 심했던 시대에 살았던 선비이다. 그는 성리학을 신봉하는 유학자였으나 유 · 불 · 도 삼교에 능통했던 학자이기도 했다. 그의 아버지 정순붕이 을사사화의 주모자로 지탄과 비난을 받는 가운데 그는 현실정치에 회의를 느끼고 도가 사상으로 은둔하여 「용호결」이라는 간결한 단학 지침을 만들어내었다. 이는 김시습이 단학에서 끄집어내었던 용과 호랑이의 철학을 폐기 – 태식 – 주천화후라는 세 단계로 완수한 사상이었다. 그럼으로써 중국의 도교 사상과는 다른 독특한 조선 단학파의 사상을 확립하게 되었다.

용과 호랑이는 각기 물의 기운과 불의 기운을 상징하는 비유이긴 하지만 여러 가지로 해석할 수 있을 것이다. 오늘날 우리가 생각하건대, 용은 물에 살면서 날아다니며 입으로 불을 뿜기도 하는 상상의 동물이지만 호랑이는 땅에서 설쳐대는 맹수의 왕이다. 그렇기 때문에 우선 용은 물을 상징하고 호랑이는 불을 상징한다고 생각할 수 있을 것이다. 그러나 김시습의 「용호론」에 따르면 리용(離龍), 감호(坎虎)이다. 그래서 그는 용은 불, 호랑이는 물을 상징한다고 보았다. 따라서 용은 양, 호랑이는 음에 해당한다고 볼 수 있다. 리(離 ☲)괘는 가운데가 음효이고 양효가 음효를 둘러싸고 있다. 그리고 감(坎 ☵)괘는 가운데가 양효이고 음효가 양효를 둘러싸고 있다. 따라서 리괘와 감괘는 음양대칭을 이룬다(상수역학적인 용어로는 착괘이다). 그렇기 때문에 리괘는 감괘로, 감괘는 리괘로 전화할 수 있다. 그렇게 본다면 용은 물, 호랑이는 불을 상징한다고 볼 수도 있을 것이다.

게다가 『주역』의 음양 사상에는 음 가운데에 양이 있고 양 가운데에 음이 있다고 한다. 그런 맥락에서는 리괘와 감괘는 괘 자체로 음양 사상을 가장 잘 드러내는 괘이기도 하다. 헤겔의 변증법적 사상에 따르면, 이는 대립의 통일을 뜻하는 것이고, 양자물리학에서는 초대칭 변환을 가리킨다.[8] 대립의 화해, 통일 사상을

---

8 음양 사상에 입각해 역의 음양대칭을 양자물리학의 초대칭과 개념적으로 연결한 연구는 다음의 책이 있다. "이처럼 음양으로 천지인의 도를 표현하는 동양의 상수역학적 초대칭 개념과 운동 또는 힘을 가지고 초입자의 도를 설명하는 서양의 양자역학적 초대칭 개념은 서로 같은 것이다. 이것은 동양의 역학(易學)이 3천 년 만에 만난 역사적 조우가 아닐 수 없다"(김상봉, 『수역』, 은행나무, 1997, p.8). 그러나 동양의 상수역학적 초대칭 개념과 서양의 양자역학적 초대칭 개념은 다 같이 대립의 화해, 통일 사상을 뜻한다는 점을 우리는 여기서 부가해야 할 것 같다. 음양대칭에 관하여는 (김상봉, 『수역』, 은행나무, 1997, p.72) 이하를 참고하라. 그리고 초대칭에 관하여는 (조홍길, 『헤겔, 역과 화엄을 만나다』, 한국학술정보, 2013, 「머리말」)과 (윌첵, 『뷰티풀 퀘스천』, 박병철 역, 흐름출판, 2018)을 참고하라.

통한 헤겔의 사변철학과 용과 호랑이의 철학의 만남에 관해서는 나중에 다시 살펴보겠고 여기서는 암시하는 정도로 그치겠다.

폐기 - 태식 - 주천화후는 단을 이루기 위한 주요한 세 단계를 이루지만 이 순서대로 단이 이루어지는 건 아니다. 우선 폐기에 대해 살펴보자.

> 수단(修丹)의 도는 간략하고 쉬운 것이다. 이제 이 도에 관한 책이 많아 서고에 가득할 지경이나 말이 껄끄럽고 황홀한데 들어가서 어렵다. … 참동계 한편은 실로 단학의 비조가 되는 것이니 또한 천지의 이치를 참작하고 역상(易象)의 괘효(卦爻)를 비교하여 설명하고 있어서 초학자로서는 추측하지 못한 바가 있다. 이제 입문에 관한 절실한 부분 약간장을 논술하려 하거니와 깨달음의 방법은 한마디로 족할 것이다. 대개 단학의 시작은 우선 폐기(閉氣)일 뿐이다.
>
> 이제 폐기 하려는 사람은 먼저 마음을 고요히 하고 책상다리를 하고 단정히 앉는다. … 숨을 들이쉬기를 오래 계속하고 내쉬기를 조금씩 하여 늘 신기(神氣)가 배꼽 아래 한 치 세 푼에 있는 단전에 머물게 한다. … 이것이 소위 현빈일규(玄牝一竅)로서 일규가 백규로 모두 통하는 것이다.[9]

9　『조선도교사』, pp.233-234. 至於參同契一篇 實丹學之鼻祖 顧亦參天地 此卦爻 有非

바꾸어 말해서, 폐기는 단전에 뜨거운 양기를 조식(調息)을 통해 모으는 것이다. 단전에 모은 뜨거운 양기가 임독맥을 경유하여 돌아다니려면 양기가 충분히 모여 넘쳐흘러야 한다. 호흡도 무화와 문화를 넘어 태식(胎息)이 되어야 주천화후(周天火候)가 되어 단을 이룰 수 있다. 태식은 입과 코로 하는 호흡이 아니라 태아가 어머니의 배 속에서 행하는 호흡, 즉 배꼽을 움직여 행하는 호흡을 일컫는다. 따라서 태식은 아주 어렵고 고단수 호흡이므로 호흡이 태식에 도달하면 호흡 수련의 끝에 도달하는 셈이다. 그리하여 태식에 능하려면 코끝에 새의 깃털 한 오라기를 놓아두어도 움직이지 않을 정도로 호흡이 가늘고 느려야 할 것이다. "그래서 태식이 능해진 후에 이 기(炁)가 부드러워서 화(和)하고, 화하여 정해짐으로써 호흡을 하지 않아도 숨을 쉬는 것이다. 경(經)에 말하기를 「기가 정해지면 호흡이 없다」하였는데 예전에 갈선옹이 매년 여름 한더위에 깊은 못 속에 들어가 열

初學之所能蠡測 今述其切於入門 而易知者若干章 若能了悟則一言足矣 蓋下手之初 閉氣而已 今欲閉氣者 先須靜心 疊足端坐 垂簾下視 眼對鼻白 鼻對臍輪 入息綿綿 出息微微 常使神氣 相住於臍下一寸三分之中 … 念念以爲常 至於工夫稍熟 得其所謂玄牝一竅 百竅皆通矣.

흘씩 있다가 나왔다 하는데, 그것은 폐기 태식인 것이다."[10]

본인은 과연 태식이 가능한지 모르겠다. 태식은 사실상 호흡을 끊는 것과 마찬가지이기 때문이다. 호흡 수련을 하면 어느 정도 호흡이 부드러워지고 안정될 수 있겠지만 호흡을 끊는 것은 아무리 생각해도 불가능한 것 같다. 호흡을 끊으면 산소 부족으로 질식사하지 않을까 우려된다. 그래서 태식은 믿을 수 없는 호흡이라고 일단 여겨진다. 하지만 태식이란 아주 가늘고 느려서 거의 멎은 것과 같은 호흡이라고 이해한다면 우리가 받아들일 수 있을 것 같다.

태식이 이루어지면 온몸의 경락이 열리고 주천화후의 황홀경을 맛보아 신선의 길이 열린다.

주천화후라고 하는 것은 온몸에 돌고 있는 열기에 불과한 것이다. 신기(神炁)가 배꼽 주위에 모일 때 이때에 만일 더욱 성의껏 내불면 … 따뜻한 기운이 조금씩 단전에 생겨 아래에서 위로 올라가니 … 마치 연꽃이 점점 피어 벌어지는 듯하다. 이른바 화지는 연꽃이 피는 곳이다. … 이것을 잘 지켜 좀 오래되

---

10   앞의 책, pp.237-238. 故能太息然後 此氣柔而和 和而定 至於無呼吸之息. 經云氣定則無呼吸 昔葛仙翁 每於盛暑 入深淵中 十日乃出 其以閉氣胎息也.

면 열이 점점 생겨 … 이것이 성해지면 배 속이 크게 벌어지며 속은 아무것도 없이 텅 빈 것 같아진다. 조금 있다가 열기가 온 몸으로 퍼지게 되는데 이것을 이른바 주천화후라고 한다.[11]

주천화후는 정기가 경락을 타고 온몸 구석구석까지 돌아다니는 상태이므로 웬만한 호흡 수련으로는 누구나 체험할 수 있는 경지는 아니다. 그리하여 본인도 미약하게나마 느끼고 있을 뿐이다. 주천화후를 체험하려면 아무래도 앉아서 운기조식하기보다는 태극권과 같은 기공체조를 수련하는 게 좋을 듯하다. 우리는 앉아서 운기조식하는 전통이 강하지만 중국은 2천 년 전부터 기공체조가 발달하였다. 앉아서 운기조식하는 우리의 전통보다는 중국의 기공체조가 아무래도 주천화후에는 더 효과적인 것 같다. 앉아서 호흡을 수련할 경우에는 다리가 저릴 수도 있고 그것이 기를 몸의 구석구석까지 순환시키는 데 장애가 되기 때문이다.

---

11   앞의 책, p.238. 周天火候者 不過曰熱氣遍身也 神氣常住於臍腹之間 當此時 若能加意吹噓 則溫溫之氣從微至著 自下達上 所謂華池生連花也 保守稍久 熱漸生盛 腹中大開 如同無物 須臾熱氣卽遍身 此所謂周天火候也.

용과 호랑이의 철학

05

대립의 통일 사상과
용과 호랑이의 철학

용과 호랑이의 철학을 설명하는 책은 시중에 많이 나와 있다. 그러나 그것들은 옛날에 나온 글을 요약하고 답습한 것에 불과하다. 동서 사상이 만나는 21세기에 새롭게 그 의미를 탐구하는 시도가 필요하다. 그리하여 다음에서 용과 호랑이의 철학과 헤겔의 사변철학의 만남을 추구하고자 한다.

1) 대립의 통일, 화해 사상

헤겔의 사변철학의 뿌리는 희랍철학과 기독교이다. 헤겔이 튀빙겐대학교에서 신학을 전공했다는 사실을 우리는 종종 망각하고 있지만, 그는 본래 목사가 되려고 했던 사람이었고, 그래서 목사가 되기 위해 『기독교의 정신과 그 운명』이라는 미발간의 원고를 남겼다. 이 문건에서는 대립의 통일, 화해 사상이 기독교의 삼위일체 해석을 통하여 여실하게 드러나 있다.

대립의 통일, 화해 사상은 헤겔의 사변철학을 관통하는 철학이다. 이 사상의 맹아는 헤겔의 청년기에 이미 싹텄다고 할 수 있을 것이다. 그는 『기독교의 정신과 그 운명』이라는 문건에서는 신과 인간, 유한과 무한이라는 대립을 삼위일체를 통해서 통일시키고 화해시키려고 하였다. 그러나 그의 이런 작업은 어디까지나 신학적 테두리를 아직 벗어나지 못했다. 그는 이 문건을 작성하고 난 뒤에 『정신현상학』과 『논리학』이라는 변증법의 금자탑이라고 불릴 만한 책들을 출간하였다. 그리하여 『정신현상학』과 『논리학』에 이르러서야 그는 신학적 테두리를 벗어나서 철학적으로 이 사상을 탐구하고 서술하였다. 특히 『논리학』에서 그는 이 사상을 사변적 사유를 통해서 논리적으로 풀어내었다.

헤겔의 사변적 사유란, 대립의 분별에 머무르지 않고 대립된 것들을 통일적으로 관련시켜 그것들을 화해시키는 사유를 가리킨다. "사변적 사유의 본성이란 대립된 두 계기들을 그것들의 통일 속에서 파악하는 데 존립한다."[12]

---

12   G. W. F. Hegel, *Wissenshaft der Logik* (1832), Felix Meiner Verlag, 1990, p.153.

그는 『논리학』 「본질론」에서는 대립의 통일, 화해 사상을 대립이라는 반성규정의 변증법을 통하여 논리적으로 해명하였다. 대립이라는 반성규정의 두 계기는 긍정적인 것과 부정적인 것이다. 일단 긍정적인 것과 부정적인 것이라는 이 두 계기는 서로 맞서 싸운다.

하지만 긍정적인 것과 부정적인 것의 대립은 절대적으로 고정된 것이 아니라 상대적이다. 즉, 긍정적인 것은 자신의 타자인 부정적인 것과의 관계에서 긍정적인 것이며 부정적인 것도 자신의 타자인 긍정적인 것과의 관계에서 부정적인 것이다. 따라서 긍정적인 것이 없으면 부정적인 것도 없고 부정적인 것이 없으면 긍정적인 것도 없다. 그리고 긍정적인 것은 부정적인 것을 배척한다는 점에서 부정적인 것이고 부정적인 것도 그 자체로 보면 긍정적인 것이기도 하다.

존재하는 모든 것은 그 자체로 대립적인 것이며 긍정적인 것과 부정적인 것이라는 두 측면을 갖는다. 그리고 긍정적인 것은 자신의 타자인 부정적인 것을 내포하고 부정적인 것도 자신의 타자인 긍정적인 것을 내포한다. 그리하여 대립의 두 계기인 긍정적인 것과 부정적인 것은 근거로 복귀함으로써 하나가 된다.

헤겔은 긍정적인 것과 부정적인 것이라는 반성규정의 대표적 사례로 빛과 어둠, 덕과 악덕을 들었다. 빛과 어둠의 싸움에서 빛은 어둠을 없애고 어둠은 빛을 잠식한다. 그리고 어둠은 그 자체로 자기 동일적이다. 이런 점에서 빛은 긍정적인 것이면서 부정적인 것이고 어둠도 부정적인 것 못지않게 긍정적인 것이다.

덕과 악덕의 치열한 싸움은 용과 호랑이의 싸움을 연상시킨다. "그리하여 덕도 또한 싸움 없이는 존재하지 않는다. 그것은 오히려 최고의 완성된 싸움이다. 그것은 긍정적인 것일 뿐만 아니라 절대적 부정성이기도 하다. 덕은 악덕과의 비교를 통해서만 존재하는 게 아니라 그 자체로 대립이자 투쟁이다. 달리 말하자면 악덕이 덕의 결핍일 뿐만 아니라 순진무구도 이러한 결핍이다. 악덕은 외적 반성의 관점에서 덕과 구분될 뿐만 아니라 그 자체로 대립되는 셈이다."[13] 악덕은 단순히 덕의 결핍이 아니라 그 자체로 덕과 대립되어 덕으로 전화될 수 있다. 헤겔에 따르면 최고의 악덕은 최고의 덕이라고 하였다. 악덕이 덕일 수 있고 덕이 악덕일 수 있는 셈이다.

용과 호랑이의 철학은 『주역』의 음양 사상으로부터 비롯된다. 그럼 음양 사상이란 무엇인가? 『주역』의 음양 사상이란, 존재하

---

13   G. W. F. Hegel, *Wissenschaft der Logik II*, Felix Meiner Verlag, 1975, pp.55–56.

는 모든 것이 음 아니면 양이므로 음양의 조화(造化)에 따라 변화한다는 사상을 뜻한다. "첫째로, 음이 없으면 양이 없고 양이 없으면 음이 없다. 음과 양은 서로 대립하면서도 서로 의존한다. 따라서 음과 양은 서로 관계한다. 둘째로, 음 안에 양이 있고 양 안에 음이 있음으로써 음은 양으로 양은 음으로 바뀐다. 셋째로, 만사만물은 음이기도 하고 양이기도 하면서 음양의 두 측면을 동시에 지닌다."[14]

용과 호랑이의 철학에서 용은 불의 기운을, 호랑이는 물의 기운을 상징하므로 용은 離卦 ☲에, 호랑이는 坎卦 ☵에 해당한다. 이 괘들은 양 가운데에 음이 있고 음 가운데에 양이 있다. 그러므로 용과 호랑이의 철학은 음양 사상을 잘 드러내고 있는 셈이다.

따라서 음양 사상처럼 용과 호랑이의 철학도 대립의 통일, 화해 사상을 드러낸다. 하지만 용과 호랑이의 철학이 음양 사상보다 그것을 더 선명하게 드러낸다. 용과 호랑이가 울부짖으며 서로 맞서 싸우지만(龍爭虎鬪) 서로 만나 합일되어 단을 이루기 때문이다.

---

14   조홍길, 『헤겔, 역과 화엄을 만나다』, 한국학술정보, 2013, p.119.

그리고 우리가 호흡 수련으로 용과 호랑이가 서로 맞서 일으키는 싸움을 정신에 의해 화해시키고 합일할 수 있다면 우리는 단을 이루는 길을 찾을 수 있을 것이다.

따라서 여기에는 대립의 통일, 화해 사상이 분명히 함축되어 있다. 그런데 이러한 대립의 화해, 통일 사상은 동양철학 가운데 용과 호랑이의 철학에만 들어 있는 건 아니다. 「색즉시공, 공즉시색」이라는 불가의 가르침도 색과 공의 대립을 화해시키고 합일하는 가르침이라고 할 수 있기 때문이다. 앞에서 살펴보았듯이 이런 사상은 비단 동양철학에만 있는 게 아니라 서양철학에도 있다. 특히 그것은 헤겔의 사변철학, 사변적 사유에 두드러지게 드러나 있다. 심지어 기독교에도 함축되어 있다.[15]

---

15 삼위일체는 기독교에만 있는 사상은 아니다. 단학에서도 단학의 삼보인 정(精), 기(氣), 신(神)이 하나의 도로 합일된다는 사상이 있다. 정이란 "생명활동을 영위케 하는 생리활동물질을 의미하는 동시에 후천에서 음식으로부터 얻어진 인체의 영양물질을 총괄하여 말하는 것"(황무연, 『한의학과 초능력』, 백산문화사, 1997, p.300)이고, 기란 "생리활동을 영위하게 하는 생체 에너지 또는 생명활동의 원동력"(앞의 책, p.313)이며, 신이란 "인간이 생명활동을 영위함에 있어서 발현되는 생리활동 현상의 총화를 의미함은 물론 특히 뇌신경활동을 가리키는"(앞의 책, p.326) 것이다. 그러나 정, 기, 신은 서로 분리되어 있는 것이 아니다. 단학에서는 연정화기(煉精化氣), 연기화신(煉氣化神), 연신환허(煉神還虛), 환허합도(還虛合道)라고 한다. 정, 기, 신이 도로 귀착한다는 뜻이다.

2) 용과 호랑이의 철학과 헤겔의 사변철학의 만남

용과 호랑이의 철학과 헤겔의 사변철학은 서로 거리가 먼 철학인 것처럼 보인다. 용과 호랑이의 철학은 동양의 도교에 바탕을 두고 있는 데 반해 헤겔의 사변철학은 서양의 기독교에 바탕을 두고 있기 때문이다. 용과 호랑이의 철학은 호흡 수련을 위한 철학이지만 헤겔의 사변철학은 호흡 수련과는 아무런 관련이 없고 사유에만 관련된다.

그러나 용과 호랑이가 서로 싸우기만 한다면 단은 이루어질 수 없다. 호흡 수련하여 단을 이루려면 정신에 의하여 용과 호랑이가 서로 만나 화해하고 합일되어야 하기 때문이다. 물기운과 불기운은 감각적으로 느낄 수 있긴 하지만 이 두 기운의 운행과 합일은 사변적 사유를 통해 가능해진다. 이런 점에서 용과 호랑이의 철학도 정신에 바탕을 두어야 기가 순환하고 단이 이루어진다고 할 수 있을 것이다. 이런 맥락에서 용과 호랑이의 철학은 헤겔의 사변철학과 일맥상통한다.[16]

---

16 서양 철학자들 가운데 코플스톤과 같은 학자들은 헤겔의 사변철학과 도교철학의 유사성을 보고 있었다. 임석진은 『정신현상학』 번역본 서두에 나와 있는 「절대적

우리는 동서 사상이 흔히 만나는 시대에 살고 있다. 이런 시대에 우리가 호흡 수련이나 사변적 사유를 따져 동서 사상을 마냥 갈라놓는 건 바람직하지 않을 것 같다. 따라서 대립의 통일, 화해 사상의 차원에서 헤겔의 사변철학과 용과 호랑이의 철학의 만남을 주선하는 일은 시의적절한 일이 아닐까 생각된다.

자기 인식과 서양 합리주의 완성」이라는 글에서 이러한 가능성을 미래 지향적으로 암시하였다. "오늘의 우리에게 이 헤겔 특유의 변증법적 전환의 논리에 담긴 사변성의 극치는 단지 인류의 정신문화를 찬연히 빛내준 '사유의 영웅'을 대표한다는 데서 그칠 문제만은 아니다. 그보다도 오히려 여기서 미래를 향한 심대한 함축적 의미를 찾아볼 수는 없는지를 눈여겨봐야만 하겠다"(헤겔, 『정신현상학』, 임석진 역, 한길사, 2005, p.29이하)를 참고하라.

나오는 말

앞에서 우리는 폐기, 태식, 주천화후에 대해 「용호결」을 통해
간단하게 살펴보았다. 이러한 과정은 보통 사람이 호흡 수련을
하여 신선이 되는 과정을 의미한다. 물론 그 과정은 대단히 어
려운 과정이기도 하지만 정렴은 「용호결」에서 간명하게 설명하
였다.

그렇지만 이러한 과정은 무위자연(無爲自然)이라는 도가 사
상과는 어긋나는 게 아닌가 싶다. 이 과정은 생자필멸(生者必
滅)의 자연적 이치를 무너뜨리기 때문이다. 그래서 「용호결」에
서도 신선이 되는 길이 순리(順利)가 아니라 역리(逆理)라고 지
적하였다.

삼가 생각건대 고인이 말하기를 순리로 하면 사람이 되고 역
리로 하면 신선이 된다 하였다. 대개 하나가 둘을 낳고, 둘은

넷을 낳고, 넷은 여덟을 낳고 하여 64에까지 이르고 더 나아가 만사에까지 이르는 것이 인도(人道)이다[順理工夫]. 가부좌를 틀고 단정히 앉아서 발을 드리운 듯이 눈을 감고 만사의 분요한 잡념을 걷어치우고 일심(一心)을 아무것도 없는 태극에 돌리면 태극이란 것이 곧 선도(仙道)인 것이다[逆理工夫].[17]

그러니까 무극인 태극으로부터 음양 이기(二氣)가 나오고, 음양으로부터 사상(四象)이 나오고, 사상으로부터 8괘가 나오고, 8괘로부터 64괘가 나와 만사만물에 이르는 과정을 살피는 공부가 순리 공부인 셈이다. 그 반면에 만사만물로부터 거슬러 올라가 음양이 아직 갈리기 전의 경지인 태극으로 돌아가는 공부가 역리 공부인 셈이다. 하지만 역리 공부라고 해서 이 공부가 결코 인위적이거나 억지로 이루어지는 건 아니다.

여기서 태극이란 무극, 즉 모든 것이 사라져 아무것도 없이 텅 빈 경지를 뜻한다. 그것은 노자의 허무(虛無) 사상, '본래 한 물건도 없는데 어느 곳에 티끌과 먼지가 있는가(本來無一物 何處有塵埃)'라는 혜능의 게송이 함축하는 불교의 공(空) 사상과 일맥상통한다. 이는 마음이 온갖 잡념과 망상을 떨쳐버리고 맑고

---

17 『조선도교사』, p.235.

고요한 경지로 들어간다는 뜻이다.

그러면 신선이 되는 길은 오늘날 우리에게 무슨 의미를 줄 수 있겠는가?

이런 길을 그냥 답습하는 것은 고루한 일일 뿐만 아니라 기후 변화의 시대에 적절하지 않을 것 같다. 신선이 되는 길은 너무나 어려운 길이며 오늘날 아무도 실천할 수 없는 길이라고 여겨지기 때문이다. 생태계가 속절없이 망가지고 있는 마당에 신선이 되는 길은 불가능할 뿐만 아니라 설령 혼자 살아남아 신선이 된다고 한들 그게 무슨 의미가 있겠는가.

그리하여 오늘날 이 길에서 우리가 의미를 찾는다면 그것은 생태철학의 관점일 것이다. 용과 호랑이의 철학을 신선이 되는 철학으로 해석하는 게 아니라 생태철학이라고 본다면, 이 철학은 오늘날 지구 온난화와 생태적 위기를 극복할 수 있는 좋은 계기가 될 수 있을 것이다. 왜냐하면 우리 인간이 마구 에너지를 낭비하고 지구라는 자원을 착취함으로써 지구 생태계가 망가지고 있는 이 시대에 호흡 수련을 통해 생체 에너지를 조절하고 창조하는 이 생태철학은 구원의 빛이 될 수 있기 때문이다.

오늘날 지구 온난화로 말미암아 초래되는 생태적 위기는 이미 일상생활 깊숙이 파고들어 사람들의 일상도 무너뜨리고 있다. 그리하여 보통 사람들도 이 생태적 위기를 우려하고 있을 정도이다. 일찍이 없었던 한파, 폭염은 물론이고 홍수, 가뭄, 태풍과 같은 기상이변이 예사롭게 우리의 생존을 위협하고 있다. 게다가 계절의 변화도 엉망진창이 되었고, 남북극의 빙붕도 사라지고 고산지대의 눈도 사라지고 있는 실정이다. 그런데 이런 일이 불과 몇십 년 사이에 일어나고 있다.

더욱이 생태계가 이렇게 빨리 무너짐에 따라 사람들은 이런 변화에 적응하기에도 불가능해졌다. 그리하여 지구 온난화를 막고 지구 생태계를 지키는 일이 급선무가 되어버렸다. 그래서 지구 생태계를 보호하기 위해 사람들은 지구 온난화의 원인인 온실가스의 방출을 줄이려고 노력하고 있다. 가령 유엔과 같은 국제기구에서 기후협약을 맺고 온실가스 배출을 막으려는 노력을 기울이고 있다. 그러나 이런 노력만으로는 지구 온난화를 막기에는 턱없이 부족하다. 인간 삶의 생태적 변화가 동반되지 않고서는 지구 생태계의 보존은 불가능할 것이다. 지구에서 욕망의 블랙홀이 지속되는 한 지구 생태계는 온전히 보전될 수 없기 때문이다. 그리고 과학기술조차도 기후변화가 초래한 지구의 생태적 위기를 막아내지 못하고 있다. 예컨대, 일론 머스크의 화성 이주 계획은 그야말로 기술만능주의가 낳은 허풍일 뿐이다. 따라서 지금으로서는 별 뾰족한 수가 없는 셈이다.

그런 맥락에서 용과 호랑이의 철학은 인간 삶의 생태적 변화를 가져올 수 있는 유력한 철학이 아닐까 생각된다. 이 철학은 자연에 순응하고 생명을 존중하며 에너지 소비를 대폭 줄여 생태계 보전을 지향하는 철학이기 때문이다. 이 철학은 자연 친화적일 뿐만 아니라 덤으로 인간의 건강까지도 챙겨줄 수 있을 터이다. 따라서 용과 호랑이의 철학은 한글과 더불어 지구의 생태적 위기를 평화적으로 극복할 수 있는 주요한 계기가 될 수 있을 것이다.

끝으로, 용과 호랑이의 철학을 통하여 신선이 되고자 하는 환상에 젖어 있는 사람들에게 알리고 싶다. 이들이 그런 헛된 꿈에서 벗어나 지구의 생태계를 보전하는 일에 조금이라도 동참하기를 바랄 뿐이다.

참고문헌

김상봉, 『수역』, 은행나무, 2008.

김석진 역, 『周易傳義大全譯解』, 대유학당, 1996.

김정빈, 『단』, 정신세계사, 1985.

데이비드 로이, 『과학이 우리를 구원하지 못할 때 불교가 할 수 있는 것』,
　　　　　민정희 역, 불광출판사, 2020.

프랭크 윌첵, 『뷰티플 퀘스천』, 박병철 역, 흐름출판, 2018.

윤홍식, 『용호비결강의』, 봉황동래, 2019.

이능화, 『조선도교사』, 이종은 역, 보성문화사, 1977.

이황 · 기대승, 『사단칠정논쟁』, 황준연 외 역주, 학고방, 2009.

조여적, 『한국기인전 · 청학집』, 이석호 역주, 명문당, 1990.

조홍길, 『한글의 철학적 의미』, 한국학술정보, 2023.

조홍길, 『헤겔, 역과 화엄을 만나다』, 한국학술정보, 2013.

허준, 『동의보감』, 동의보감국역위원회, 남산당, 1986.

헤겔, 『기독교의 정신과 그 운명』, 조홍길 역, 지만지, 2015.

헤겔, 『정신현상학』, 임석진 역, 한길사, 2005.

홍원식 역, 『황제내경소문』, 전통문화연구회, 2003.

황무연, 『한의학과 초능력』, 백산출판사, 1997.

G. W. F. Hegel, *Wissenschaft der Logik* II, Felix Meiner Verlag, 1975.

G. W. F. Hegel, *Wissenshaft der Logik* (1832), Felix Meiner Verlag, 1990.

이근철, 「선도사관으로 풀어보는 조선단학의 비조 김시습 2부」,

Youtouve.com/watch?v=Q-RHosAck Zo&t=1611s.

용과 호랑이의 철학

초판인쇄 2023년 04월 28일
초판발행 2023년 04월 28일

지은이 조흥길
펴낸이 채종준
펴낸곳 한국학술정보(주)
주　소 경기도 파주시 회동길 230(문발동)
전　화 031-908-3181(대표)
팩　스 031-908-3189
홈페이지 http://ebook.kstudy.com
E-mail 출판사업부 publish@kstudy.com
등　록 제일산-115호(2000. 6. 19)

ISBN　979-11-6983-332-5　93100